S T Q Q S S D ____/____/____

9788577424351
CB133730

A essência da oração é a intimidade, a comunhão e o relacionamento com Deus.

HERNANDES DIAS LOPES, *Manual prático para a vida*

_____/_____/_____ S T Q Q S S D

Aprender a sabedoria de Deus significa examinar todas as coisas do ponto de vista da eternidade.

Bella Falconi, *E se não houvesse amanhã*

S T Q Q S S D ____/____/____

Deus será meu "possível" em meio ao que pode parecer tão impossível.

LYSA TERKEURST, *Redescobrindo a beleza da vida*

____/____/____ S T Q Q S S D

Quando se trata de bens materiais, o uso apropriado exige uma clara distinção entre o necessário e o supérfluo.

Justo González, *Economia e fé no início da era cristã*

S T Q Q S S D ____/____/____

Sempre temos a possibilidade de mudar; o importante é reconhecer e aceitar onde estamos e estar dispostos a virar a página e começar de novo.

Juan Varela Álvarez & M. Mar Molina, *Segredos do casamento saudável*

____/____/____ S T Q Q S S D

É verdade que a pessoa mais pobre de todas não é aquela que não tem ouro, mas aquela que não tem objetivos.

ELIZABETH GEORGE, *Como fazer as escolhas certas*

S T Q Q S S D ____/____/____

Não existe no mundo uma definição melhor de amor verdadeiro do que a definição de Deus.

Jaime Kemp, *Eu amo você!*

___/___/___ S T Q Q S S D

A paz não é a ausência de hostilidade. A paz é a atmosfera que podemos alcançar em meio à hostilidade.

LYSA TERKEURST, *Redescobrindo a beleza da vida*

S T Q Q S S D ____/____/______

A coisa mais triste sobre aqueles que sofrem na prisão da falta de perdão é que eles têm a chave de sua própria cela.

CHARLES R. SWINDOLL, *Mateus (Comentário íblico Swindoll)*

___/___/___ S T Q Q S S D

O auge da revelação do amor de Deus é a cruz de Cristo.

DAVID MERKH, *Cantares para casais*

S T Q Q S S D ____/____/______

Perceber a suprema soberania de Deus vai libertá-lo de viver frustrado, ansioso e confuso.

Tony Evans, *Caminhos*

____ / ____ / ______ S T Q Q S S D

A maior intimidade do cristão com Deus ocorre quando os pensamentos do Senhor substituem os nossos e, então, moldamos nosso comportamento de acordo com a mente de Cristo.

JOHN MACARTHUR, *O resgate do pensamento bíblico*

S T Q Q S S D ____/____/____

As palavras têm um poder gigantesco. [...] Palavras podem ferir. Podem depreciar. Podem machucar. Mas as palavras também podem soerguer, inspirar e nos aproximar.

Evan Moffic, *Lendo o Antigo Testamento sob a ótica judaica*

___/___/___ S T Q Q S S D

O amor extrai sua vida das feridas de Cristo. O amor pode sofrer, crer, esperar e suportar porque Cristo sofreu, creu, esperou e suportou por ele.

CHARLES SPURGEON, *A beleza da vida cristã*

S T Q Q S S D ____/____/____

As pessoas que aprenderam a escutar e a reconhecer a voz de Jesus — aquela voz curadora, musical, solene e bela [...] — sempre se sentem em casa num lugar onde tudo gira em torno dele.

A. W. Tozer, *O Espírito Santo: 10 sermões sobre o Consolador*

____/____/______ S T Q Q S S D

O amor que você transmite hoje é uma semente, cujos frutos serão colhidos por gerações. Esse é o legado que Deus espera de você.

MÁRCIA & DARRELL MARINHO, *Não crie seu filho para o mundo*

S T Q Q S S D ____/____/________

O evangelho deve declarar algo sobre uma Pessoa, sobre Deus em sua revelação em Jesus Cristo e sobre o que Deus fez por nós por meio dele.

SCOT MCKNIGHT, *O evangelho do Rei Jesus*

_____ / _____ / _______ S T Q Q S S D

Tornar-se cristão significa fazer uma jornada que começa na terra e termina no céu.

Ray Pritchard, *Âncora da alma*

S T Q Q S S D ____/____/____

A conduta digna do evangelho é, acima de tudo, a conduta que promova o evangelho.

D. A. Carson, *O cristão verdadeiro*

____/____/____ S T Q Q S S D

Abra mão do que Deus não pediu para você fazer e, assim, você pode brilhar no que Ele pede para você fazer.

JENIFFER DUKES LEE, *Tudo sob controle*

S T Q Q S S D ___/___/___

Obediência imediata ao que o Espírito Santo nos mostra, arrependimento imediato por aquilo que entristeça a Deus — isso prepara o caminho do avivamento.

WESLEY L. DUEWEL, *Fogo do avivamento*

____ / ____ / ______ S T Q Q S S D

Cultive um apetite para as coisas mais saborosas e melhores, e a melhor das melhores coisas é Deus, em Cristo.

PAUL WASHER, O *Evangelho de Deus & o evangelhho do homem*

S T Q Q S S D ___/___/______

Sempre haverá coisas [...] que não entendemos e para as quais talvez nunca recebamos uma resposta, mas nosso pior dia com Jesus sempre será melhor do que nosso melhor dia sem Ele.

CHRISTINE CAINE, *Como eu cheguei até aqui?*

____/____/______ S T Q Q S S D

Nós temos uma aliança com Deus, que inclui não somente pedir bênção, mas a obediência também.

AUGUSTUS NICODEMUS, *E se Deus for contra nós?*

S T Q Q S S D ____/____/____

Preste atenção nisto: as pessoas conhecerão nosso amor a Deus pela maneira como nós amamos os outros.

Adam Weber, *O amor tem um nome: a arte de amar como Jesus amou*

____/____/_____ S T Q Q S S D

O jejum deve ter o que classifico de um propósito principal, que lhe é inerente: busca a Deus — o que abrange adoração, oração e meditação bíblica.

LUCIANO SUBIRÁ, *A cultura do jejum*

S T Q Q S S D ___/___/___

"Viver no Espírito" indica que o Espírito estabelece a pauta para nossa vida, molda nossas prioridades, decide nossas ações e atitudes.

TIM WORODROOF, *O que Jesus disse sobre o Espírito Santo*

____/____/____ S T Q Q S S D

A única adoração digna de Deus é aquela que reproduz seu caráter, não a que simplesmente se amolda aos gostos dos homens.

César Vidal, *Mais que um rabino*

S T Q Q S S D ___/___/___

Com a ajuda da graça abundante de Deus, devemos renovar nossa mente para que nossa vida também seja transformada externamente, a fim de que outros possam ver.

ELIZABETH GEORGE, *Seguindo a Deus de todo o coração*

____/____/______ S T Q Q S S D

Toda libertação envolve uma "equação": MUDANÇA = EU + DEUS.

MIGUEL UCHOA, *A arte de sabotar a própria vida*

S T Q Q S S D ____/____/______

A salvação que Deus opera na História é o produto de seu amor incondicional.

LANDON JONES, *O Deus de Israel na teologia do Antigo Testamento*

____/____/______ S T Q Q S S D

Acreditamos que a oração é necessária, mas dela fugimos, pois ela produz mudanças na vida de quem a pratica.

ARIVAL DIAS CASIMIRO & HERNANDES DIAS LOPES, *Homens de oração*

S T Q Q S S D ____/____/______

A chave para termos paz nas páginas finais da nossa vida na terra é confiar [em Deus] desde os capítulos anteriores.

Nancy DeMoss Wolgemuth & Robert Wolgemuth, *Deixe Deus escrever sua história*

____ / ____ / ______ S T Q Q S S D

Se em nossa aprendizagem ou em nosso ensino seguirmos a Deus,
tenhamo-lo sempre adiante de nós.

RICARDO BITUN (ORG.), *A Reforma protestante: história, teologia e desafios*

S T Q Q S S D ___/___/______

Nada é mais atraente ou inspirador para um aluno ou discípulo do que ver o seu mestre aprendendo continuamente.

Edward L. Smither, *Lições de liderança de Agostinho*

___/___/___ S T Q Q S S D

A ortodoxia é criativamente convincente, emocionalmente cativante, esteticamente enaltecedora e pessoalmente libertadora.

ALISTER MCGRATH, *Heresia: uma história em defesa da verdade*

S T Q Q S S D ____/____/____

A fé cristã exige que tenhamos compaixão suficiente para ouvir as perguntas de nossa geração e recorrer à Bíblia para encontrar respostas.

JIM GEORGE, *Um homem segundo o coração de Deus*

_____/_____/_______ S T Q Q S S D

A ressurreição de Cristo é uma demonstração do poder divino que ajudará os crentes a cumprir o mandato salvífico.

SAMUEL PAGÁN, *Jesus de Nazaré: vida, ensinamento e significado*

S T Q Q S S D ____/____/______

Por mais virtuosos que sejamos ou por mais dispostos e sinceros que estejamos em nossa devoção, não iremos muito longe sem a unção celestial, sem a capacitação que vem do alto.

ARAMIS C. DE BARROS, *Doze homens, uma missão*

___/___/___ S T Q Q S S D

Jesus é aquele que nos capacita a suportar e superar cada dor que a vida nos impõe.

EYSHILA SANTOS, *Nada pode calar uma mulher de fé*

S T Q Q S S D ___/___/___

A maneira como penso, decido e reajo contribuirá decisivamente para ter sucesso ou não.

Patricia Lages, *O sucesso não cabe na bolsa*

___/___/___ S T Q Q S S D

Se alguém quiser saber quem é Deus e como Ele é, precisa apenas olhar para Jesus Cristo.

JOSH MCDOWELL, *Evidências da fé cristã*

S T Q Q S S D ___/___/___

Pequenas realizações com excelência são a base para as grandes.

Bob Briner & Ray Pritchard, *Lições de liderença de Jesus*

___/___/___ S T Q Q S S D

Quando oramos, estamos tocando o céu e transformando a terra.

FERN NICHOLS, *Todo filho precisa de uma mãe que ora*

S T Q Q S S D ____/____/____

Você não pode ser saudável e santo sem aliviar o coração perante o Senhor.

Levi Lusko, *Eu declaro guerra: 4 chaves para vencer a batalha contra você mesmo*

_____ / _____ / ______ S T Q Q S S D

Se certa vez [Deus] foi capaz de controlar a natureza, transformar pessoas e alterar circunstâncias, Ele ainda é capaz de fazer essas coisas.

BILL HYBELS, *Ocupado demais para deixar de orar*

S T Q Q S S D ____/____/______

Se fizermos o trabalho árduo de integrar saúde emocional e espiritualidade, podemos verdadeiramente experimentar as maravilhosas promessa que Deus nos fez.

PETER SCAZZERO, *Espiritualidade emocionalmente saudável*

___/___/___ S T Q Q S S D

Quanto mais espiritual sua mente se torna, menos preocupações você terá.

Tony Evans, *Conversões*

S T Q Q S S D ____/____/____

Minhas atitudes não mudam o que Deus é, mas afetam a maneira como Ele se revelará a nós.

Luciano Subirá, *Até que nada mais importe*

____/____/____ S T Q Q S S D

Somente o ser humano que tem confiança já experimenta, escutando a promessa, o antegosto do novo mundo.

HANS WALTER WOLFF, *Antropologia do Antigo Testamento*

S T Q Q S S D ___/___/___

A graça infinita que [Cristo] oferece a miseráveis pecadores se transforma numa fonte de amor e perdão da qual outros possam beber.

David Merkh, *Comentário bíblico: lar, família e casamento*

____/____/____ S T Q Q S S D

Às vezes Jesus não é tudo de que precisamos até que Ele seja tudo que temos.
RUSTY GEORGE, *Depois de dizer amém*

S T Q Q S S D ____/____/________

Fé sem a razão leva ao ceticismo, e a razão sem a fé também o faz.

Carl F. H. Henry, *Deus, revelação e autoridade*

____/____/______ S T Q Q S S D

Jesus virá com certeza. [...] Devemos ficar atentos em relação a nós mesmos: vigiar nossas atitudes, nosso comportamento e nosso próprio coração.

Augustus Nicodemus, *Ainda não é o fim!*

S T Q Q S S D ____/____/____

Nem sempre podemos controlar nossas circunstâncias, mas podemos controlar o modo como vamos reagir a elas.

Evan Moffic, *Shalom para o coração*

___/___/___ S T Q Q S S D

O Jesus que eu conheço a partir dos Evangelhos está interessado de forma substancial em fazer de nós pessoas melhores.

AMY-JILL LEVINE, *Decifrando as palavras difíceis de Jesus*

S T Q Q S S D ____/____/______

Deus deu a cada um de nós um dom inestimável com tremendas possibilidades de impactar para o bem o mundo em que vivemos.

SHARON JAYNES, *O poder das palavras de uma mulher*

____/____/____ S T Q Q S S D

O amor de Deus pelos seres humanos não é uma abstração teórica nem promessas vazias, mas atos concretos de salvação e graça.

THIAGO ABDALLA, *O hebraico nosso de cada dia*

S T Q Q S S D ____/____/______

Quando você e eu caminhamos no Espírito, nossa vida não se caracteriza por lamúrias, pânico e ansiedade, mas pela paz silenciosa que vem com a confiança em Deus.

ELIZABETH GEORGE, *A caminhada de uma mulher com Deus*

___/___/___ S T Q Q S S D

O mundo seria um lugar muitíssimo diferente, com muito menos progresso, paz e esperança do que temos hoje se [Jesus] não tivesse existido.

H. Wayne House, *O Jesus que nunca existiu*

S T Q Q S S D ___/___/___

O ser humano perde sua felicidade ao recusar obediência a Deus
e tentar pegar a vida com as próprias mãos.

JOSEF SCHREINER (ORG.), *O Antigo Testamento: um olhar atento para sua palavra e mensagem*

____ / ____ / ____ S T Q Q S S D

Não devemos viver contando nossos dias com base nas folhas do calendário ou nos resultados dos nossos exames de checkup, mas pela sabedoria concedida por Deus.

Bella Falconi, *E se não houvesse amanhã?*

S T Q Q S S D ___/___/___

Pelo fato de Deus não poder nos contar o que Ele é, com frequência,
Ele nos conta como Ele é.

A. W. Tozer, *Peregrinos da eternidade*

___/___/___ S T Q Q S S D

Jesus sabia melhor que ninguém o preço a ser pago por falar e viver a verdade porque Ele é a verdade divina encarnada, a luz feita carne.

Charles R. Swindoll, *João (Comentário bíblico Swindoll)*

S T Q Q S S D ___/___/___

O Espírito, por meio das Escrituras, por meio dos ensinamentos de Jesus, por meio da nova vida inspirada em nós, já nos deu orientação suficiente para que, no mínimo, saibamos que devemos agir.

JUSTO L. GONZÁLEZ, *Atos: o Evangelho do Espírito Santo*

____/____/____ S T Q Q S S D

Ele é o merecedor de todos os elogios de seu povo, ou seja, nenhum elogio deve ser dado ao homem; toda honra deve ser dada ao Senhor.

HERNANDES DIAS LOPES, *Salmos: o livro das canções e orações do povo de Deus*

S T Q Q S S D ____/____/______

O segredo para não nos afastar do Senhor nem perder a alegria inicial é desenvolver profundidade na vida espiritual.

Luciano Subirá, *De todo o coração*

___/___/___ S T Q Q S S D

O ser humano é vulnerável, e essa condição exige que confiemos profundamente em Deus. Confiar em Deus é a lição mais difícil de aprender, porém é a mais crucial.

Lysa TerKeurst, *Não era para ser assim*

S T Q Q S S D ___/___/___

Os crentes precisam demonstrar misericórdia ao mundo incrédulo. Precisamos nos aproximar onde e quando for possível com a verdade do Evangelho.

John MacArthur, *O chamado de Cristo para reformar a igreja*

____/____/____ S T Q Q S S D

Procure estar na companhia de pessoas mais sábias, pois o discernimento é algo que aprendemos, mas é difícil ser ensinado.

Charles R. Swindoll, *Tiago e 1 & 2Pedro (Comentário bíblico Swindoll)*

S T Q Q S S D ____/____/______

A partir do momento em que você vir o mundo pelos olhos de Jesus, a oração pela colheita do mundo será uma das principais prioridades da sua intercessão.

Wesley L. Duewel, *Toque o mundo por meio da oração*

____/____/______ S T Q Q S S D

Uma das causas de nossa fraqueza moral atual é uma cristologia equivocada. Pensamos em Cristo como Deus, mas falhamos em conhecê-lo como um homem glorificado.

A. W. Tozer, *Homem: o local que Deus habita*

S T Q Q S S D ___/___/___

O avivamento verdadeiro vem do céu. É de Deus. É obra soberana do Espírito Santo. O avivamento sempre está centrado na Palavra de Deus.

HERNANDES DIAS LOPES, *Habacuque: como transformar o desespero em cântico de vitória*

_____/_____/_______ S T Q Q S S D

A preguiça é outro obstáculo carnal que dificulta o desenvolvimento do fruto da fidelidade. O cansaço é uma luta física, ao passo que a preguiça é uma luta mental.

ELIZABETH GEORGE, *A caminhada de uma mulher com Deus*

S T Q Q S S D ___/___/___

Deus fez-nos capazes de desejar, para que tivéssemos um desejo insaciável por mais dele, e só por Ele.

LYSA TERKEURST, *Segunda eu recomeço!*

____ / ____ / ____ S T Q Q S S D

Qualquer outra coisa pode provar-se um fracasso, mas a promessa de Deus nunca falhará.

Charles H. Spurgeon, *Filhos da promessa*

S T Q Q S S D ____/____/____

Semeie os seus melhores esforços hoje e colha as abundantes bênçãos de Deus amanhã.

Elizabeth George, *Mãe segundo o coração de Deus*

_____/_____/_______ S T Q Q S S D

A formação para coisas maiores sempre acontece por meio de coisas menores.

Tony Evans, *Desvios*

S T Q Q S S D ____/____/______

Você deve ir a Cristo e obter dele o pão ou morrerá tão certo como nasceu.

Charles H. Spergeon, *Fé, o alimento da alma*

___/___/___ S T Q Q S S D

A oração de fé, o comando de fé e a canção de fé são armas de Deus para refrearmos, amarrarmos e derrotarmos Satanás.

WESLEY DUEWEL, *Oração de poder segundo o coração de Deus*

S T Q Q S S D ____/____/____

As quatro palavras seguintes andam juntas. Fé, paciência, amor e perseverança são virtudes essenciais da vida cristã.

Charles R. Swindoll, *1 e 2Timóteo & Tito (Comentário bíblico Swindoll)*

____/____/______

S T Q Q S S D

Meu papel em cada provação é permanecer fiel a Deus e pôr isto em prática. Devo amá-lo, confiar nele e contar com seus recursos.

ELIZABETH GEORGE, *Descobrindo o caminho de Deus nas provações*

S T Q Q S S D ___/___/___

A natureza da adoração, então, é oferecer a Deus, das profundezas do nosso ser interior, louvor, oração, cântico, doação e vida, sempre baseados em sua verdade revelada.

JOHN MACARTHUR, *A essência da verdadeira adoração*

_____ / _____ / _______ S T Q Q S S D

Concordamos com a expressão "Quando o homem trabalha, o homem trabalha; mas quando o homem ora, Deus trabalha".

HERNANDES DIAS LOPES, *Efésios, a noiva gloriosa de Cristo*

S T Q Q S S D ____/____/____

Uma característica da fé cristã que atrai de modo especial o meu coração é que não se trata de uma crença cega e ignorante, mas de uma fé baseada em sólida inteligência.

JOSH MCDOWELL, *Mais que um carpinteiro*

_____/_____/______ S T Q Q S S D

Apesar das fragilidades humanas, podemos crescer em graça e progredir em direção a uma união experimental mais perfeita com Deus.

A. W. Tozer, *O cristão surpreendente*

S T Q Q S S D ____/____/____

Uma vida frutífera é a melhor evidência para o nosso coração de que somos realmente discípulos de Cristo.

HERNANDES DIAS LOPES, *João: as glórias do Filho de Deus*

____/____/____ S T Q Q S S D

A fidelidade e a sinceridade são atributos de Deus. Por conseguinte, para cumprirem a sua parte no relacionamento com Deus, vocês precisam ser fiéis a Deus.

JIM & ELIZABETH GEORGE, *Um casal segundo o coração de Deus*

S T Q Q S S D ___/___/___

Para o cristianismo, as sinagogas constituem fortes alicerces, bases, pontos de partida para a propagação do evangelho.

ENÉAS TOGNINI, *O Período Interbíblico*

____/____/______ S T Q Q S S D

"Sim, ó meu Mestre, faz brilhar nas trevas a luz da verdade! Ajuda-nos a seguir-te sempre!"

CHARLES M. SHELDON, *Em seus passos o que faria Jesus?*

S T Q Q S S D ____/____/______

Uma coisa é certa: tudo aquilo a que damos primazia em nossa vida, em lugar de Deus, se tornará nosso deus e ali estará o nosso coração.

Bella Falconi, *E se não houvesse amanhã?*

_____/_____/_______ S T Q Q S S D

Quando algo parecer impossível de ser feito ou sem esperança, volte para a Bíblia e revise o que Deus diz.

ELIZABETH GEORGE, *O poder da oração pelo casamento*

S T Q Q S S D ____/____/______

O cristianismo chegou a todas as nações; tem maior vitalidade e crescimento em umas que em outras; sem dúvida, seu rosto é diverso.

JUSTO L. GONZÁLEZ & CARLOS C. ORLANDI, *História do movimento missionário*

_____/_____/_______ S T Q Q S S D

A dignidade humana também se baseia na responsabilidade assumida em relação às próprias atitudes.

JAIME KEMP, *A arte de permanecer casado*

S T Q Q S S D ___/___/___

A paz não é a ausência de hostilidade. A paz é a atmosfera que podemos alcançar em meio à hostilidade.

Lysa TerKeurst, *Redescobrindo a beleza da vida*

____ / ____ / ____ S T Q Q S S D

O seu falar também se torna mais cuidadoso e gracioso ao decidir falar de forma sábia.
A sabedoria trabalha de dentro para fora, começando com o seu coração.

ELIZABETH GEORGE, *Uma mulher que reflete o coração de Jesus*

S T Q Q S S D ____/____/______

Ele está governando os assuntos do mundo e também os destinos de seu povo.
Deus continua Deus ainda que não vejamos em parte alguma.

HERNANDES DIAS LOPES, *Daniel: o homem amado no céu*

____/____/______ S T Q Q S S D

Pessoas de grande coração são assim: dão de si mesmas até quando suas forças estão se extinguindo.

JAIME KEMP, *Pastores em perigo*

S T Q Q S S D ____/____/______

Seja qual for o seu problema, leve-o a Deus nesta manhã; não o carregue até a noite.

Charles H. Spurgeon, *O grande Deus*

____/____/____ S T Q Q S S D

Negligenciar a nossa responsabilidade é achar que Deus fará tudo por nós e que não precisamos fazer nada.

MÁRCIA & DARRELL MARINHO, *Quando a família corre perigo*

S T Q Q S S D ____/____/________

Às vezes, a maneira mais fácil de resolver um problema é buscar a solução. E a solução para a nossa alma é a âncora da nossa alma: Jesus.

CHRISTIANE CAINE, *Como cheguei até aqui?*

____/____/____ S T Q Q S S D

Lance sobre Ele sua preocupação. Você é importante para Deus, que se preocupa com o que acontece com você e quer confortá-lo(a).

Jaime & Judith Kemp, *Devocional para casais*

S T Q Q S S D ___/___/___

Devemos ser servos uns dos outros em amor, levar as cargas uns dos outros e abençoar uns aos outros.

HERNANDES DIAS LOPES, *Parábola do bambu*

___/___/___ S T Q Q S S D

Não há limites no que Deus pode fazer em e por meio de você; inclusive dar-lhe forças para resistir à tentação de fazer concessões.

Elizabeth George, *Preocupação: um hábito que deve ser quebrado*

S T Q Q S S D ____/____/____

O excesso de trabalho esconde esses sentimentos de inadequação ou inutilidade, não apenas dos outros, mas também de nós mesmos.

Peter Scazzero, *O líder emocionalmente saudável*

____/____/____ S T Q Q S S D

Não peça meramente a Deus que a ajude com um sintoma.
Peça sabedoria a Ele!

Elizabeth George, *31 coisas que toda mulher deve saber*

S T Q Q S S D ____/____/______

O medo é órfão do amor. O amor lança fora todo o medo. O amor tudo sofre, tudo crê, tudo espera, tudo suporta.

HERNANDES DIAS LOPES, *Prosperando no deserto*

____/____/____ S T Q Q S S D

Certamente, aquele que é o maior e principal entre nós deu-nos o exemplo do máximo labor de amor.

Charles H. Spurgeon, *O Evangelho segundo Mateus: a narrativa do Rei*

S T Q Q S S D ____/____/____

Imagine se colocarmos uma pitada de amor ao falar e um toque a mais de paciência ao ouvir?

Darrell & Márcia Marinho, *# Fica a dica: 100 atitudes que podem mudar o dia a dia do seu casamento*

___/___/___ S T Q Q S S D

Jesus é o seu grande professor. Ele foi chamado mestre, isto é, professor, durante o seu ministério terreno.

Wesley L. Duewel, *Coração em chamas pelo Espírito*

S T Q Q S S D ___/___/___

Deus quando olhou para a humanidade, não ficou emocionalmente ou sentimentalmente comovido. A Palavra nos diz que Ele nos amou primeiro.

Jaime Kemp, *Eu amo você!*

____/____/____ S T Q Q S S D

Tenha fé em Deus, pois a fé, em si mesma, é uma virtude da mais alta ordem.

Charles H. Spurgeon, *Esperança, o perfume do coração*

S T Q Q S S D ____/____/____

O sol, a lua e as estrelas que criara Ele, iluminavam seu planeta feito com perfeição.

ELIZABETH GEORGE, *Mulheres que amaram a Deus*

_____/_____/______ S T Q Q S S D

O pecado escondido tornou-se pecado descoberto, e o pecado descoberto tornou-se pecado condenado.

HERNANDES DIAS LOPES, *Mensagens selecionadas para a vida*

S T Q Q S S D ____/____/____

Os discípulos que ainda eram fracos na fé chegariam ao discipulado pleno ao compartilhar sua fé com outras pessoas.

Justo González, *Quando Cristo vive em nós*

____/____/____ S T Q Q S S D

É justamente na tempestade em que devemos ter mais claro o rumo a seguir e levar a bússola que nos mostre o caminho, nesse caso, a Palavra de Deus.

JUAN VARELA ÁLVAREZ & M. MAR MOLINA, *Segredos do casamento saudável*

S T Q Q S S D ____/____/____

Quando assumimos a atitude de um cristão e a levamos a sério, temos que assumir aquilo que o próprio Jesus disse como verdade absoluta e regra para nossa vida.

MIGUEL UCHOA, *A arte de sabotar a própria vida*

___/___/___ S T Q Q S S D

O caminho certo, geralmente, se encontra entre dois extremos: é um estreito canal entre o rochedo e o estrondo das águas.

CHARLES H. SPURGEON, *Milagres e parábolas do nosso Senhor*

S T Q Q S S D ___/___/___

Somente a Bíblia abarca todas as experiências desta vida e do mundo dentro de um julgamento moral de Deus.

CARL F. H. HENRY, *Deus, revelação e autoridade*

____/____/____ S T Q Q S S D

A Bíblia declara que Deus criou o homem do pó da terra e lhe soprou nas narinas o fôlego da vida, e por isso o homem passou a ser alma vivente.

ENÉAS TOGNINI, *Geografia da terra santa e das terras bíblicas*

S T Q Q S S D ___/___/___

Contentamento significa viver em um mundo hostil com a segurança tranquila de que Deus é verdadeiramente nosso sol e nosso escudo.

ELIZABETH GEORGE, *Seguindo a Deus de todo o coração*

____/____/____ S T Q Q S S D

Quem jejua está mais confiado no poder que vem do céu do que nos recursos da terra.

Hernandes Dias Lopes, *Piedade e paixão*

S T Q Q S S D ____/____/______

O lamento é transformado em louvor a Deus, as orações individuais são incluídas na oração de Israel.

ANNEMARIE OHLER & TOM MENZEL, *Atlas da Bíblia*

____ / ____ / ____

S T Q Q S S D

Jesus quer dizer que a ajuda desinteressada que o mestiço presta ao desamparado, mostra que o mandamento do amor não conhece barreiras.

J. Jeremias, *Teologia do Novo Testamento*

S T Q Q S S D ___/___/___

O perdão é um poder que Deus dá para cada um de nós. Ele nos liberta da prisão do passado e aponta para as possibilidades futuras.

EVAN MOFFIC, *Shalom para o coração*

_____ / _____ / _____ S T Q Q S S D

De acordo com Jesus, seremos julgados por aquilo que fazemos, não por causa da posição que herdamos.

Amy-Jill Levine, *Decifrando as palavras difíceis de Jesus*

S T Q Q S S D ____/____/____

Mas a gratidão em todas as situações é uma qualidade incrível ao nosso alcance,
porque amamos a Deus.

Elizabeth George, *Meditações da mulher segundo o coração de Deus*

_____/_____/______ S T Q Q S S D

A maneira mais simples de preservar a paz e a ordem é pelo comportamento espelhado na perfeição. É evitar o pecado.

EVAN MOFFIC, *Lendo o Antigo Testamento sob a ótica judaica*

S T Q Q S S D ___/___/___

Os três elementos constituintes da fé podem ser ilustrados a partir do pensamento, sentido e ação de alguém que observa um barco numa ilhazinha que a correnteza ameaça submergir.

Augustus Hopkins Strong, *Teologia sistemática*

____/____/____ S T Q Q S S D

O coração e a alma da vida cristã é aprender a ouvir a voz de Deus e desenvolver a coragem para fazer o que Ele ordena.

Bill Hybels, *Ocupado demais para deixar de orar*

S T Q Q S S D ___/___/___

Assuma um novo compromisso com Deus de orar. Junte-se ao Deus trino — Pai, Filho e Espírito Santo — intercedendo por avivamento.

WESLEY L. DUEWEL, *Fogo do avivamento*

____/____/______ S T Q Q S S D

É muito bom aceitar que o Espírito Santo vive em nós, mas a outra coisa é entender que nós também vivemos no Espírito.

TIM WOODROOF, *O que Jesus disse sobre o Espírito Santo*

S T Q Q S S D ____/____/____

Quando são proferidas palavras agradáveis, as outras pessoas sempre se mostram mais dispostas a ouvir e a receber conselhos.

Elizabeth George, *Bela aos olhos de Deus*

_____/_____/_______ S T Q Q S S D

Deus deseja que saibamos que, quando andarmos com Ele, nossa vida sempre significa mais do que pensamos que ela significa.

Hernandes Dias Lopes, *Rute: uma perfeita história de amor*

S T Q Q S S D ____/____/______

Jesus soube enfatizar com maestria que o reino de Deus é um bem tão extraordinário que vale a pena deixar tudo para entrar nele.

César Vidal, *Mais que um rabino*

____/____/____ S T Q Q S S D

O Espírito capacita os crentes a cumprir a justiça que a Lei exige, mas não capacita as pessoas para a cumprirem.

Michael J. Gorman, *O apóstolo do Senhor crucificado*

S T Q Q S S D ___/___/___

A carne não é má; simplesmente é incapaz, por si mesma, de atingir o mundo de Deus e de compreender as realidades divinas.

George Eldon Ladd, *Teologia do Novo Testamento*

___/___/___ S T Q Q S S D

Ensinar a Palavra de Deus não é apenas um privilégio; é, também, uma responsabilidade.
Luciano Subirá, *A cultura do jejum*

S T Q Q S S D ____/____/____

Desfrutaremos das riquezas insondáveis de Cristo. Seremos coerdeiros com Ele.

Hernandes Dias Lopes, *Apocalipse: o futuro chegou*

___/___/___ S T Q Q S S D

A questão suprema é se a obra salvadora de Cristo na cruz inclui a segurança daqueles que confiam nele, ou não.

Lewis Sperry Chafer, *Teologia sistemática*

S T Q Q S S D ____/____/____

O amor de Deus pelos seres humanos não é uma abstração teórica nem são promessas vazias, mas atos concretos de salvação e graça.

TIAGO ABDALLA, *O hebraico nosso de cada dia*

___ / ___ / ___ S T Q Q S S D

Essas coisas não dizem nada sobre a habilidade de Jesus para resolver o problema deles, mas dizem tudo sobre a preocupação de Jesus com o problema deles.

Rusty George, *Depois de dizer amém*

S T Q Q S S D ____/____/______

Aprender a depender de Deus, pedir por sua provisão e depois se lembrar de buscar por suas respostas prontas.

LYSA TERKEURST, *O que acontece quando uma mulher caminha na fé*

____/____/____ S T Q Q S S D

A palavra que foi traduzida por "servo" refere-se àquele que fez um trabalho penoso em obediência ao seu senhor.

John MacArthur, *O evangelho segundo Deus*

S T Q Q S S D ____/____/____

A disciplina pode até trazer dor temporária ou desconforto eminente, mas o crescimento é para sempre.

MÁRCIA & DARRELL MARINHO, *Não crie seu filho para o mundo*

___/___/___ S T Q Q S S D

O universo é o sistema de Deus em relativa autolimitação da matéria à mente.
Teve um começo e foi Deus quem o instituiu.

AUGUSTUS HOPKINS STRONG, *Teologia Sistemática*

S T Q Q S S D ___/___/___

A virtude desperta mais inveja do que a gratidão. É mais fácil sentir inveja de quem anda corretamente do que seguir seus passos.

HERNANDES DIAS LOPES, *José, príncipe do Egito*

_____ / _____ / _______ S T Q Q S S D

Uma objeção final à remoção do mal de modo milagroso é que isso daria motivos para questionar a sabedoria de Deus.

JOHN FEINBERG, *O Pai: a doutrina de Deus*

S T Q Q S S D ____/____/____

O caminho da salvação é apenas este — descanse apenas em Cristo!
Dependa inteiramente dele.

Charles H. Spurgeon, *Perguntas para a mente e o coração*

_____/_____/_____ S T Q Q S S D

A penalidade que Deus planejou para os pecadores caiu sobre o próprio Filho de Deus.

J. DWIGHT PENTECOST, *As palavras difíceis de Jesus*

S T Q Q S S D ____/____/______

O povo de Deus precisa meditar profunda e regularmente nos atributos de Deus.

John MacArrthur, *O resgate do pensamento bíblico*

_____ / _____ / _____

S T Q Q S S D

Em contraste com sua primeira vinda, o retorno de Jesus será em grande poder e glória.

AUGUSTUS NICODEMOS, *Ainda não é o fim!*

S T Q Q S S D ___/___/___

Jesus, porém, diria que não é assim que o amor funciona. O amor inverte o roteiro.

ADAM WEBER, *O amor tem nome*

____/____/____ S T Q Q S S D

O indivíduo é um cristão quando corretamente ligado a Cristo; o cristão é espiritual quando corretamente ligado ao Espírito.

Lewis Sperry Chafer, *Teologia sistemática*

S T Q Q S S D ___/___/___

O nosso coração é o solo. A semente é a Palavra de Deus. Há estações para a vida espiritual, como há estações para o solo.

Hernandes Dias Lopes, *Tiago: transformando provas em triunfo*

____/____/____ S T Q Q S S D

Assim como o amor, a ira é um sentimento espontâneo que enche a alma com uma força fulminante se apropriando de suas reações.

Walther Eichrodt, *Teologia do Antigo Testamento*

S T Q Q S S D ___/___/___

O pecado desencadeia consequências que roubam a nossa paz, diminuem nossa integridade e nos causam sofrimento que nunca vale a pena.

Lysa TerKeurst, *Redescobrindo a beleza da vida*

____/____/______ S T Q Q S S D

A dignidade humana também se baseia na responsabilidade assumida em relação às próprias atitudes.

JAIME KEMP, *A arte de permanecer casado*

S T Q Q S S D ___/___/___

Qualquer coisa que você faça, grande ou pequena, não pode ser imaginada nem cumprida sem a graça e o amor de Deus.

H. Norman Wright, *Começando juntos*

___/___/___ S T Q Q S S D

Jesus é o enviado de Deus, para revelar o próprio Deus e redimir a humanidade.

ALISTER MCGRATH, *Heresia: uma história em defesa da verdade*